Impressum
Verlag: BABADADA GmbH, Nedderfeld 112 , 22529 Hamburg
Geschäftsführer / Verlagsleitung: Harald Hof
Druck: Books on Demand GmbH, In de Tarpen 42, 22848 Norderstedt

Imprint
Publisher: BABADADA GmbH, Nedderfeld 112 , 22529 Hamburg, Germany
Managing Director / Publishing direction: Harald Hof
Print: Books on Demand GmbH, In de Tarpen 42, 22848 Norderstedt

sekolah

Szkoła

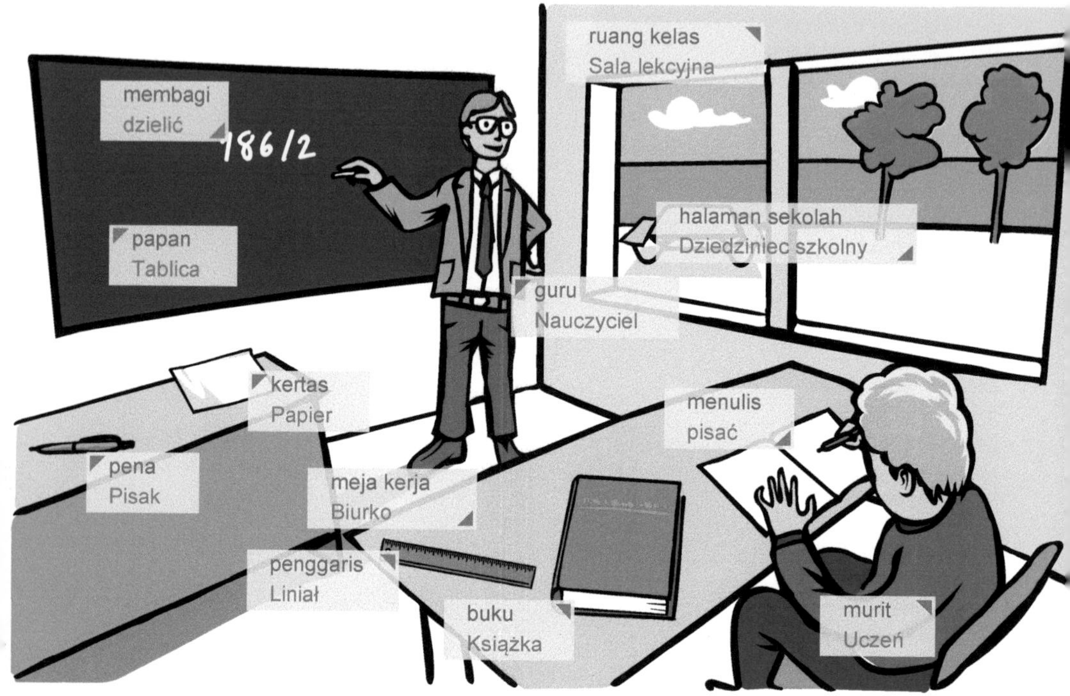
ruang kelas
Sala lekcyjna
membagi
dzielić
186/2
papan
Tablica
halaman sekolah
Dziedziniec szkolny
guru
Nauczyciel
kertas
Papier
menulis
pisać
pena
Pisak
meja kerja
Biurko
penggaris
Liniał
buku
Książka
murit
Uczeń

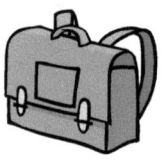

tas sekolah

Plecak szkolny

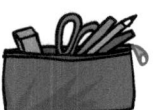

tempat pensil

Piórnik

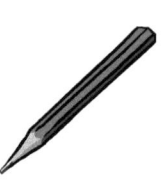

pensil

Ołówek

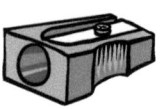

pengasah pensil

Temperówka

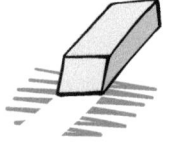

penghapus

Gumka do mazania

kertas gambar

Blok rysunkowy

gambar

Rysunek

kuas

Pędzel

kotak cat

Pudełko z akwarelami

gunting

Nożyce

lem

Klej

buku latihan

Książka do ćwiczenia

pekerjaan rumah

Zadanie domowe

angka

Liczba

tambhakan

dodawać

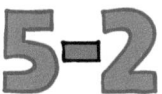

mengurangi

odejmować

mengalikan

mnożyć

menghitung

liczyć

huruf

Litera

alfabet

Alfabet

kata

Słowo

teks

Tekst

membaca

czytać

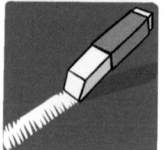

kapur

Kreda

pelajaran

Godzina

daftar

Dziennik lekcyjny

ujian

Egzamin

sertifikat

Świadectwo

seragam sekolah

Mundurek szkolny

pendidikan

Wykształcenie

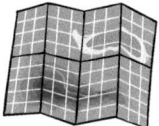

ensiklopedi

Leksykon

universitas

Uniwersytet

mikroskop

Mikroskop

peta

Mapa

tempat sampah

Kosz na odpadki

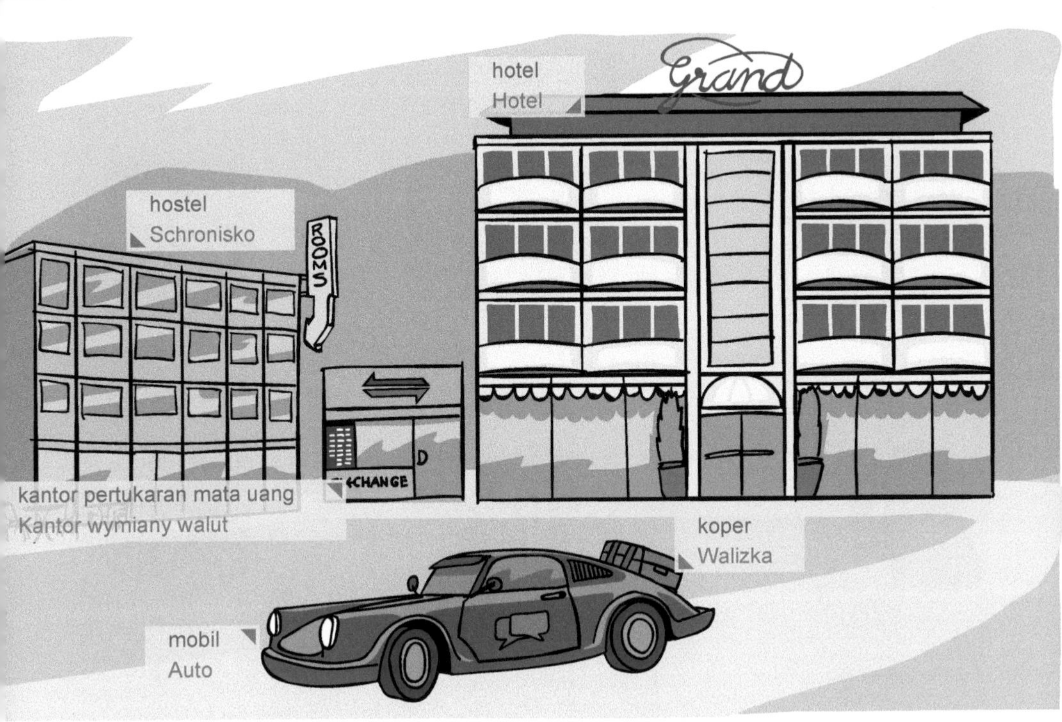

hotel
Hotel
Grand
hostel
Schronisko
ROOMS
EXCHANGE
kantor pertukaran mata uang
Kantor wymiany walut
koper
Walizka
mobil
Auto

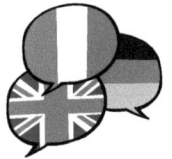

bahasa
Język

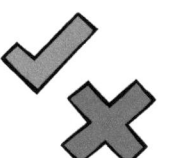

ya / tidak
tak / nie

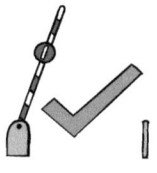

okay
OK

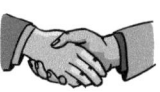

hallo
Halo

penerjemah
Tłumacz

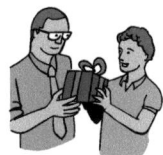

terima kasih
Dziękuję

Berapa harganya...?

Ile kosztuje ...?

saya tidak mengerti

Nie rozumiem

masalah

Problem

Selamat malam!

Dobry wieczór!

Selamat siang!

Dzień dobry!

Selamat tidur!

Dobranoc!

sampai jumpa

Do widzenia

arah

Kierunek

bagasi

Bagaż

tas

Torba

ransel

Plecak

tamu

Gość

ruang

Pokój

kantong tidur

Śpiwór

tenda

Namiot

informasi wisata

Informacja turystyczna

pantai

Plaża

kartu kredit

Karta kredytowa

sarapan

Śniadanie

makan siang

Obiad

makan malam

Kolacja

tiket

Bilet

elevator

Winda

perangko

Znaczek na list

perbatasan

Granica

cukai

Cło

kedutaan

Ambasada

visa

Wiza

paspor

Paszport

transportasi
Transport

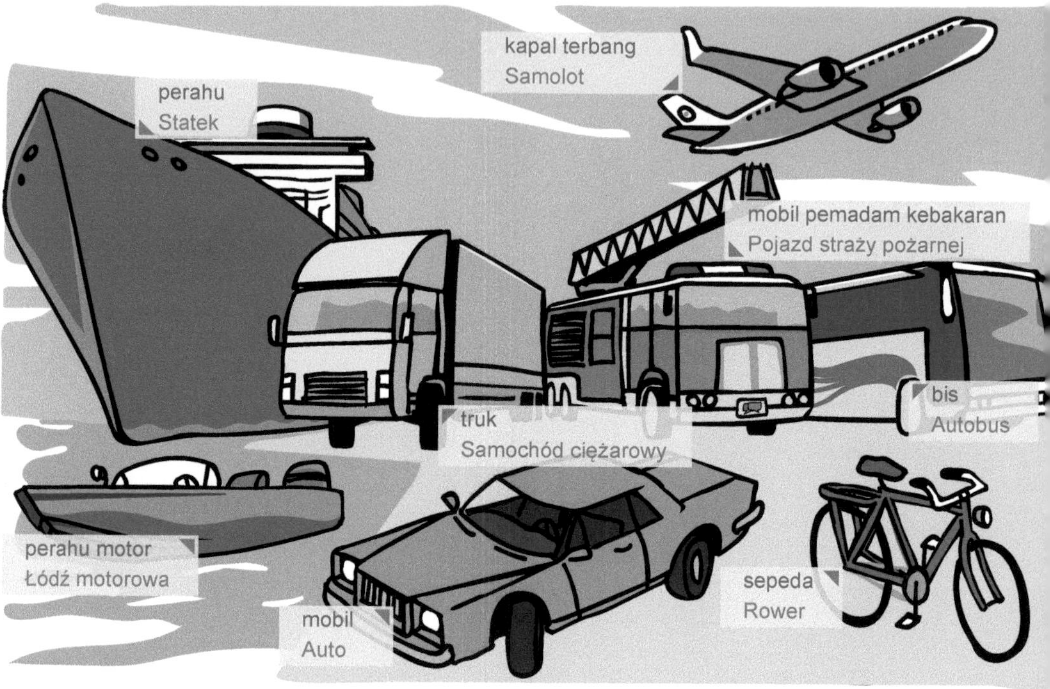
kapal terbang
Samolot
perahu
Statek
mobil pemadam kebakaran
Pojazd straży pożarnej
bis
Autobus
truk
Samochód ciężarowy
perahu motor
Łódź motorowa
mobil
Auto
sepeda
Rower

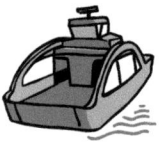

feri
Prom

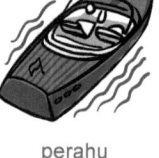

perahu
Łódź

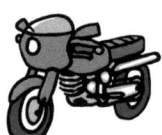

sepeda motor
Motocykl

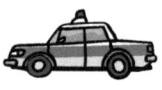

mobil polisi
Radiowóz policyjny

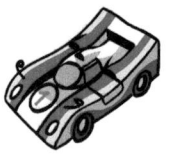

mobil balapan
Samochód wyścigowy

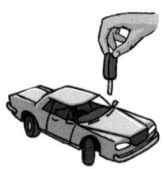

mobil sewa
Samochód wypożyczony

berbagi mobil

Wspólne przejazdy
samochodem

truk derek

Samochód pomocy
drogowej

truk sampah

Śmieciarka

motor

Silnik

bahan bakar

Benzyna

bensin

Stacja benzynowa

tanda lalulintas

Znak drogowy

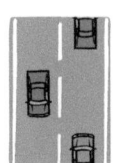

lalulintas

Ruch

macet

Korek

parkir mobil

Parking

stasiun kereta

Dworzec

trek

Szyny

kereta api

Pociąg

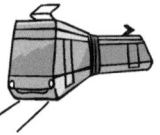

tram

Tramwaj

gerobak

Wagon

helikopter

Helikopter

bendara

Lotnisko

menara

Wieża

penumpang

Pasażer

container

Kontener

karton

Karton

troli

Taczka

keranjang

Kosz

berangkat / mendarat

startować / lądować

kota

Miasto

desa

Wieś

pusat kota

Centrum miasta

rumah

Dom

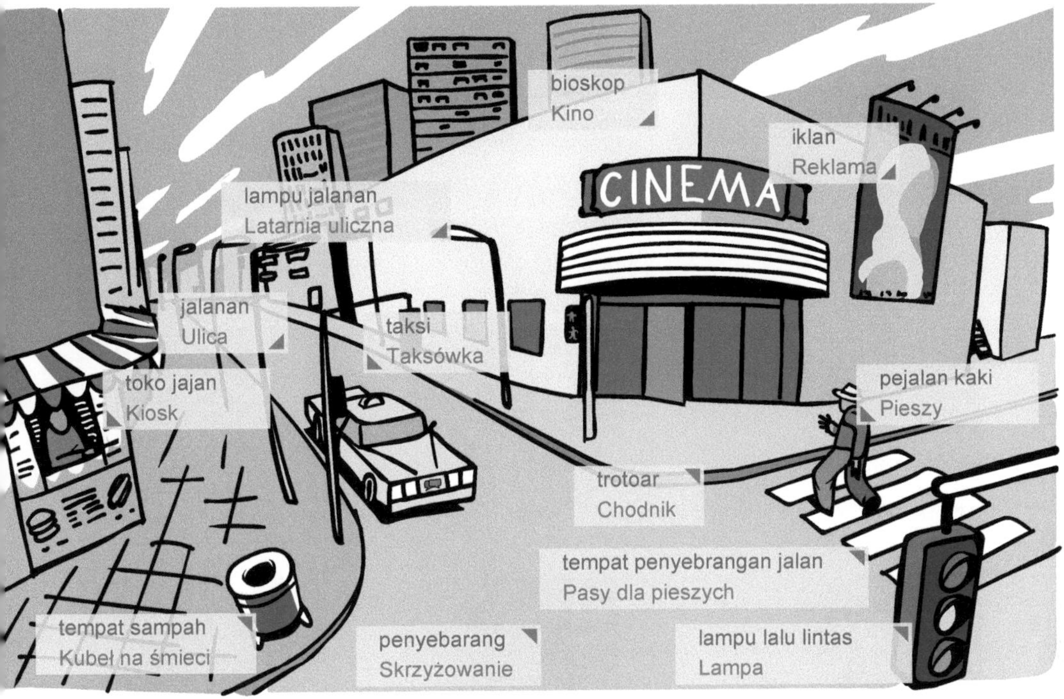

bioskop
Kino

iklan
Reklama

lampu jalanan
Latarnia uliczna

CINEMA

jalanan
Ulica

taksi
Taksówka

toko jajan
Kiosk

pejalan kaki
Pieszy

trotoar
Chodnik

tempat penyebrangan jalan
Pasy dla pieszych

tempat sampah
Kubeł na śmieci

penyebarang
Skrzyżowanie

lampu lalu lintas
Lampa

gubuk

Chata

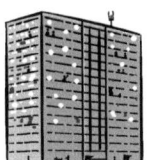

rumah flat

Mieszkanie

stasiun kereta

Dworzec

balai kota

Ratusz

museum

Muzeum

sekolah

Szkoła

universitas
Uniwersytet

bank
Bank

rumah sakit
Szpital

hotel
Hotel

farmasi
Apteka

kantor
Biuro

toko buku
Księgarnia

toko
Sklep

toko bunga
Kwiaciarnia

supermarket
Supermarket

pasar
Rynek

toko serba ada
Dom towarowy

nelayan
Sklep z rybami

pusat belanja
Centrum handlowe

pelabuhan
Port

taman
Park

banku
Ławka

jembatan
Most

tangga
Schody

kereta bawah tanah
Metro

terowongan
Tunel

pemberhantian bis
Przystanek autobusowy

bar
Bar

restauran
Restauracja

kotak surat
Skrzynka na listy

tanda jalan
Tabliczka z nazwą ulicy

meteran parkir
Parkometr

kebun binatang
Zoo

kolam renang
Łaźnia

mesjid
Meczet

pertanian

Gospodarstwo chłopskie

polusi

Zanieczyszczenie środowiska

kuburan

Cmentarz

gereja

Kościół

tempat bermain

Plac zabaw

pura

Świątynia

pemandangan
Krajobraz

daun
Liść

penunjuk arah
Drogowskaz

jalanan
Droga

padang rumput
Łąka

batu
Kamień

pejalak kaki
Wędrowiec

pohon
Drzewo

sungai
Rzeka

rumput
Trawa

bunga
Kwiat

lembah
Dolina

bukit
Góra

danau
Jezioro

hutan
Las

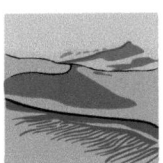

padang gurun
Pustynia

gunung berapi
Wulkan

istana
Zamek

pelangi
Tęcza

jamur
Grzyb

pohon palem
Palma

nyamuk
Komar

lalat
Mucha

semut
Mrówka

lebah
Pszczoła

laba-laba
Pająk

kumbang

Chrząszcz

kodok

Żaba

tupai

Wiewiórka

landak

Jeż

kelinci

Zając

burung hantu

Sowa

burung

Ptak

angsa

Łabędź

babi jantan

Dzik

rusa

Jeleń

rusa

Łoś

bendungan

Tama

turbin angin

Wiatrak

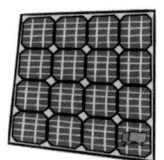

panel surya

Moduł solarny

iklim

Klimat

restauran
Restauracja

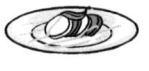

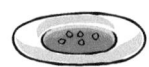

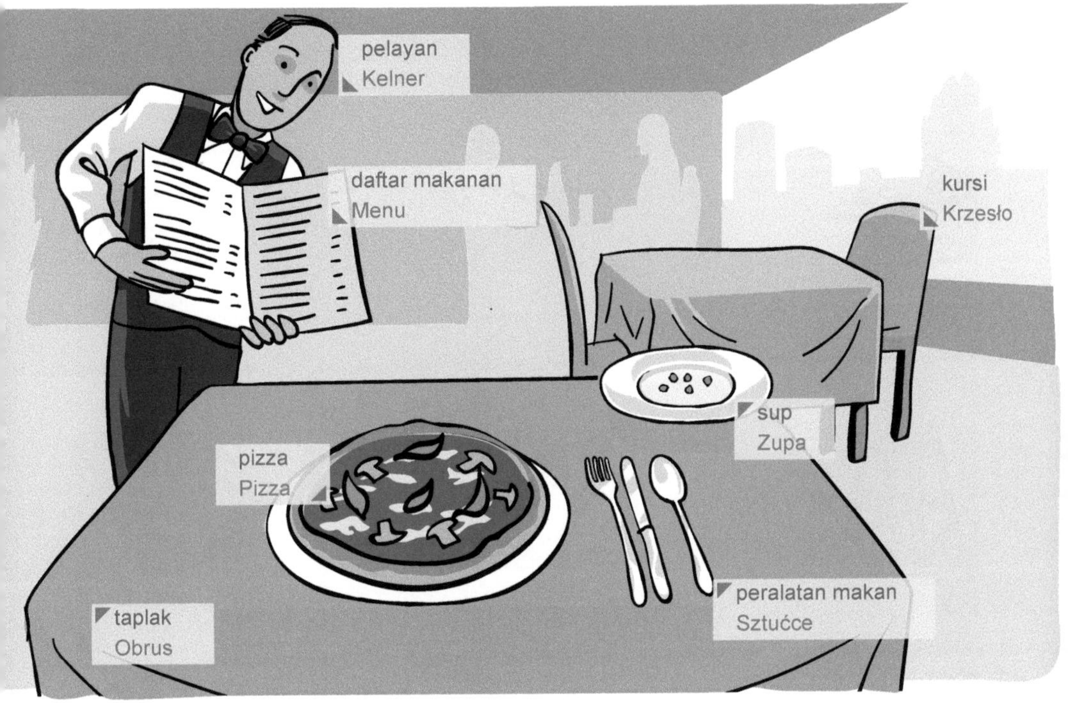

pelayan
Kelner
daftar makanan
Menu
kursi
Krzesło
sup
Zupa
pizza
Pizza
peralatan makan
Sztućce
taplak
Obrus

hindangan pembuka

Przystawka

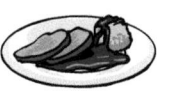

hidangan utama

Danie główne

hidangan penutup

Deser

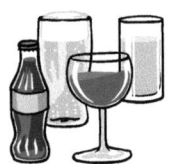

minuman

Napoje

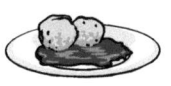

makanan

Jedzenie

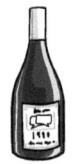

botol

Butelka

fastfood

Fastfood

masakan jalanan

Streetfood

teko teh

Dzbanek na herbatę

kaleng gula

Cukierniczka

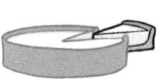

porsi

Porcja

mesin espresso

Zaparzarka do espresso

kursi tinggi

Krzesło dla dziecka

tagihan

Rachunek

baki

Taca

pisau

Nóż

garpu

Widelec

sendok

Łyżka

sendok teh

Łyżeczka

serbet

Serwetka

gelas

Szklanka

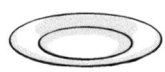

piring

Talerz

piring sup

Talerz do zupy

lepek

Podstawek pod filiżankę

saus

Sos

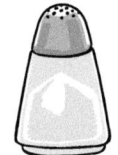

tempat garam

Solniczka

gilingan merica

Młynek do pieprzu

cuka

Ocet

minyak

Olej

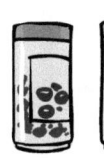

bumbu

Przyprawy

saus tomat

Keczup

mustar

Musztarda

mayones

Majonez

supermarket
Supermarket

penawaran khusus
Oferta
FOR
klien
Klient
produk susu
Produkty mleczne
buah
Owoce
troli
Wózek sklepowy

BUTCHERS

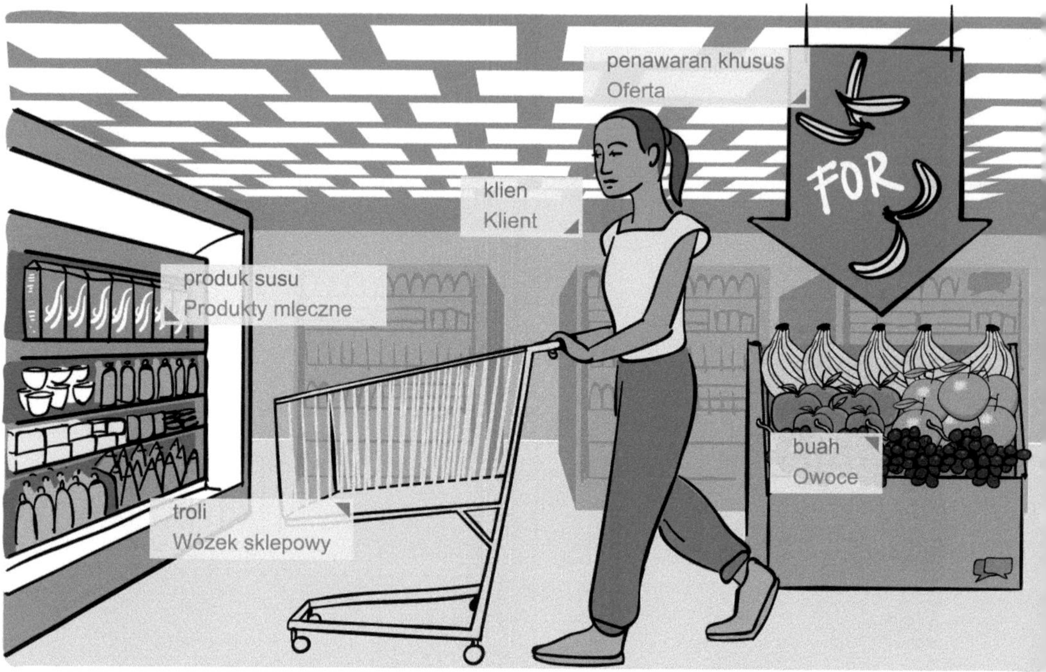

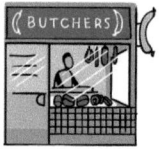

pembantai

Rzeźnia

BAKERY

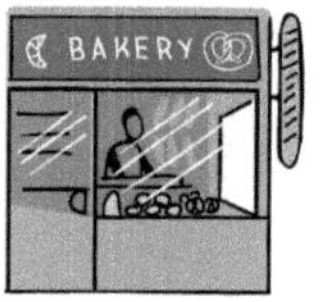

toko roti

Piekarnia

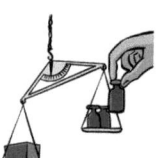

menimbang

ważyć

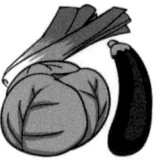

sayur

Warzywa

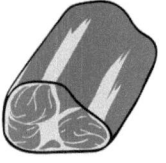

daging

Mięso

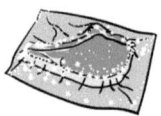

makanan beku

Mrożonki

pemotongan dingin

Wędliny

makanan kaleng

Konserwy

sabun serbuk

Proszek m do prania

permen

Słodycze

alat-alat rumah tangga

Artykuły użytku domowego

obat pembersihan

Środek czyszczący

penjual

Sprzedawczyni

kasa

Kasa

kasir

Kasjer

daftar belanja

Lista zakupów

jam buka

Godziny otwarcia

dompet

Portfel

kartu kredit

Karta kredytowa

tas

Torba

kantong plastik

Torebka plastikowa

air
Woda

jus
Sok

susu
Mleko

cola
Cola

anggur
Wino

bir
Piwo

alkohol
Alkohol

coklat
Kakao

teh
Herbata

kopi
Kawa

espresso
Espresso

cappucino
Cappuccino

pisang

Banan

apel

Jabłko

jeruk

Pomarańcza

semangka

Arbuz

jeruk lemon

Cytryna

wortel

Marchew

bawang putih

Czosnek

bambu

Bambus

bawang bombai

Cebula

jamur

Grzyb

kacang

Orzechy

mi

Makaron

spagetti

Spaghetti

nasi

Ryż

salat

Sałatka

kentang goreng

Frytki

kentang goreng

Ziemniaki pieczone

pizza

Pizza

hamburger

Hamburger

sandwich

Kanapka

sayatan

Sznycel

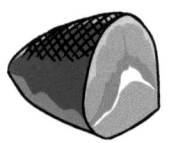

ham

Szynka

salami

Salami

sosis

Kiełbasa

ayam

Kura

menggoreng

Pieczeń

ikan

Ryba

makanan - Jedzenie

bubur gandum

Płatki owsiane

sereal

Musli

cornflakes

Płatki kukurydziane

tepung

Mąka

croissant

Croissant

roti

Bułka

roti

Chleb

toast

Toast

biskuit

Ciastka

mentega

Masło

dadih

Twarożek

kue

Ciasto

telur

Jajko

telur goreng

Jajko sadzone

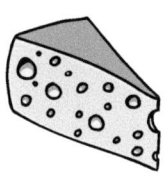

keju

Ser

eskrim
....
Lody

gula
....
Cukier

madu
....
Miód

selai
....
Marmolada

krim nugat
....
Krem nugatowy

kare
....
Curry

pertanian
Gospodarstwo chłopskie

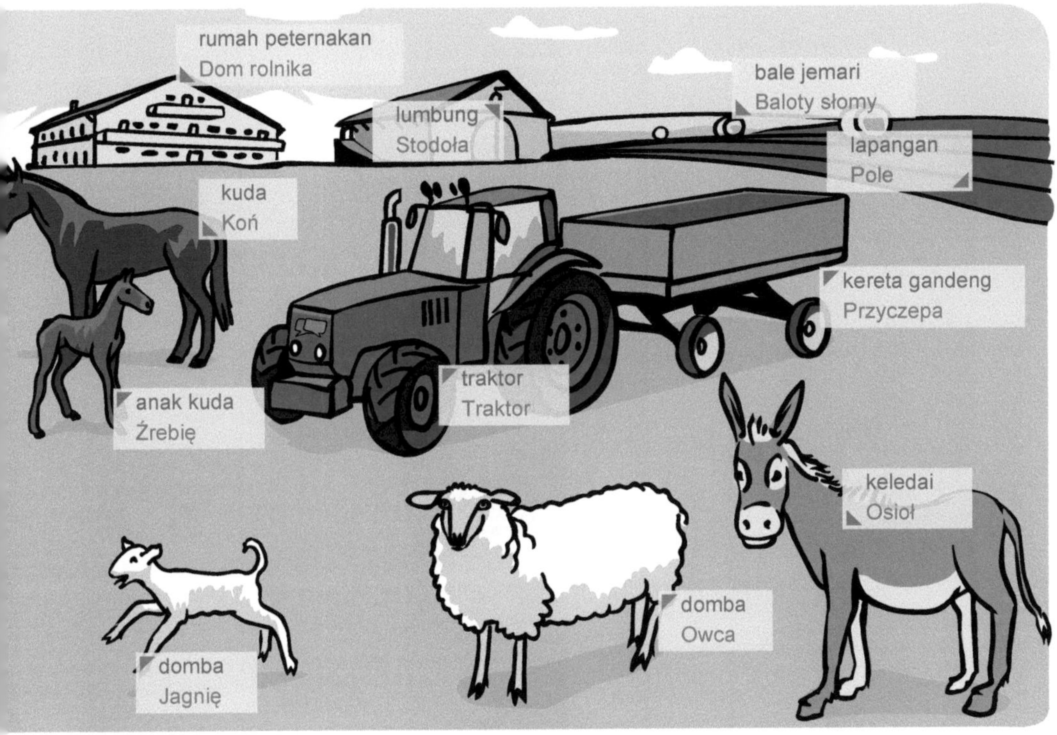
rumah peternakan
Dom rolnika
lumbung
Stodoła
bale jemari
Baloty słomy
lapangan
Pole
kuda
Koń
kereta gandeng
Przyczepa
traktor
Traktor
anak kuda
Źrebię
keledai
Osioł
domba
Owca
domba
Jagnię

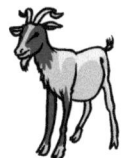

kambing

Koza

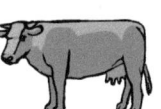

sapi

Krowa

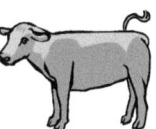

betis

Cielę

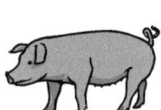

babi

Świnia

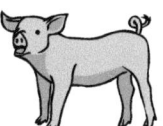

celeng

Prosię

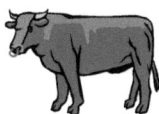

banteng

Byk

angsa

Gęś

bebek

Kaczka

anak ayam

Kurczątko

ayam

Kura

ayam jantan

Kogut

tikus

Szczur

kucing

Kot

tikus

Mysz

lembu

Osioł

anjing

Pies

rumah anjing

Buda dla psa

selang

Wąż ogrodowy

penyiram

Konewka

sabit

Kosa

bajak

Pług

pertanian - Gospodarstwo chłopskie

sabit

Sierp

cangkul

Graca

garpu rumput

Widły

kapak

Siekiera

gerobak

Taczka

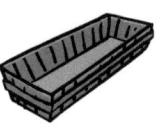

palung

Koryto

kaleng susu

Kanka na mleko

karung

Worek

pagar

Płot

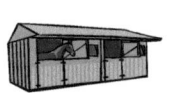

kandang

Stajnia

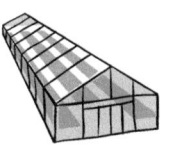

rumah kaca

Szklarnia

tanah

Ziemia

benih

Nasiona

pupuk

Nawóz

mesin pemanen

Kombajn zbożowy

panen

zbierać

panen

Żniwa

yams

Podchrzyn

gandum

Pszenica

kedelai

Soja

kentang

Ziemniak

jagung

Kukurydza

lobak

Rzepak

pohon buah

Drzewo owocowe

singkong

Maniok

sereal

Zboże

rumah
Dom

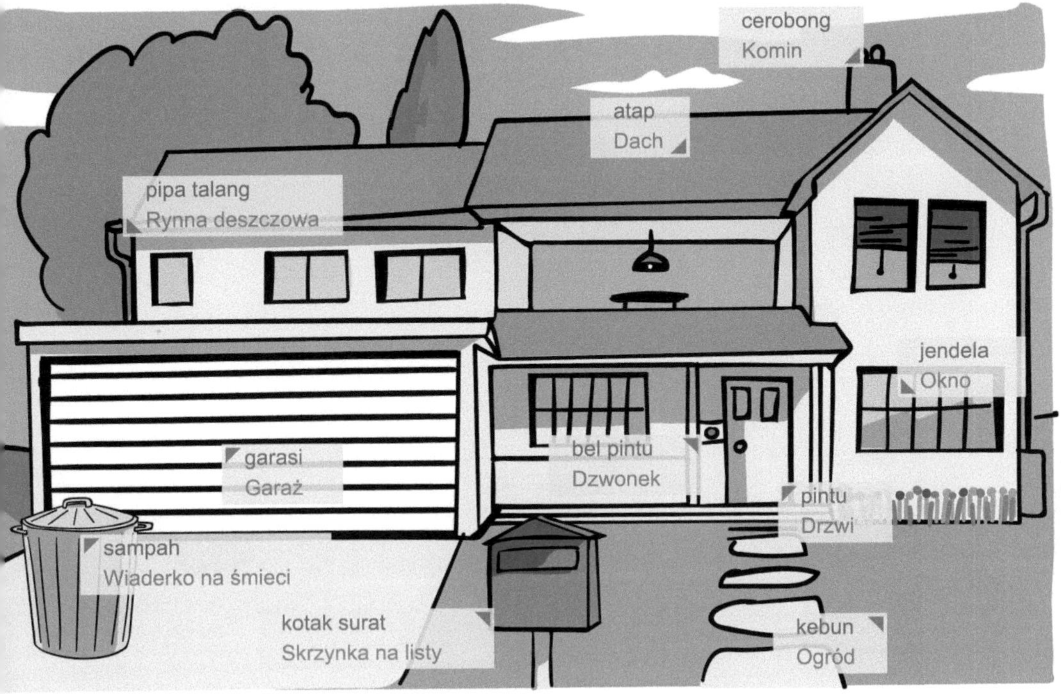
cerobong
Komin
atap
Dach
pipa talang
Rynna deszczowa
jendela
Okno
bel pintu
Dzwonek
garasi
Garaż
pintu
Drzwi
sampah
Wiaderko na śmieci
kotak surat
Skrzynka na listy
kebun
Ogród

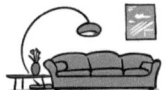

ruang tamu
Pokój dzienny

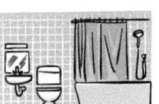

kamar mandi
Łazienka

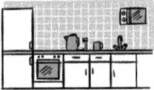

dapur
Kuchnia

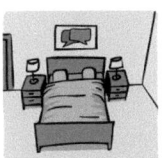

kamar tidur
Sypialnia

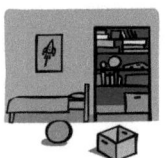

kamar anak
Pokój dziecięcy

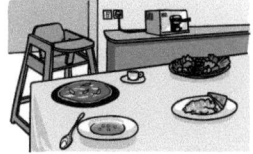

kamar makan
Jadalnia

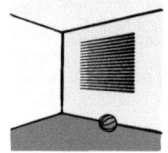

lantai
Ziemia

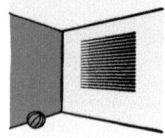

tembok
Ściana

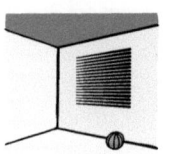

atap
Koc

gudang di bawah tanah
Piwnica

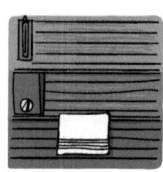

sauna
Sauna

balkon
Balkon

teras
Taras

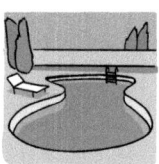

kolam renang
Basen

mesin pemotong rumput
Kosiarka do trawy

sprei
Poszwa

selimut
Kołdra

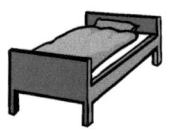

tempat tidur
Łóżko

sapu
Miotła

ember
Wiadro

tombol
Włącznik

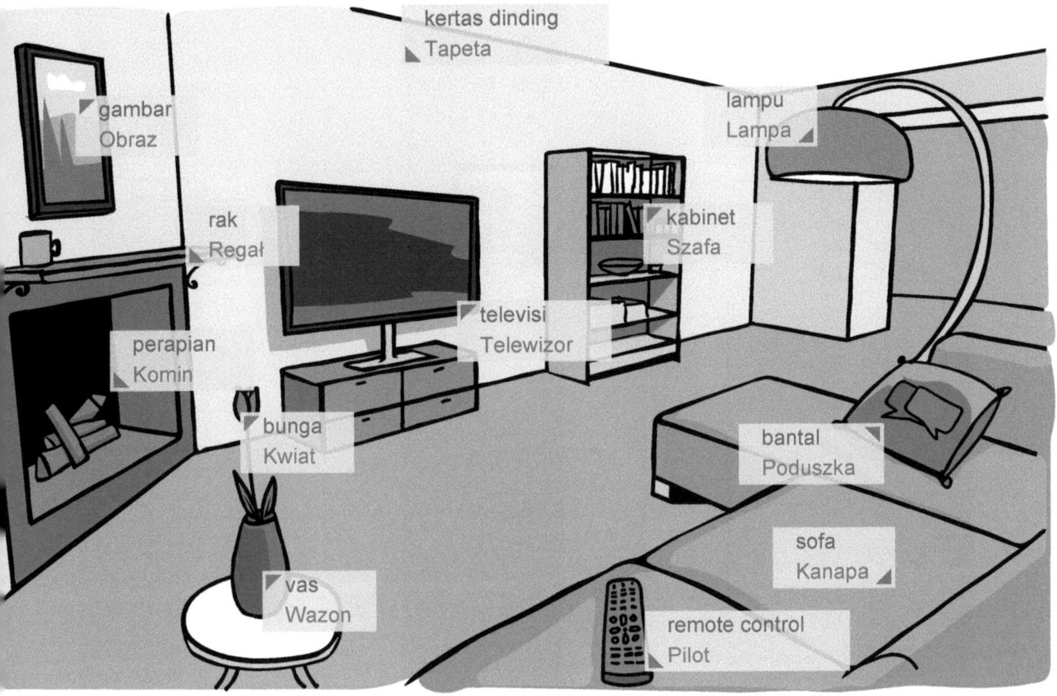

kertas dinding
Tapeta

gambar
Obraz

lampu
Lampa

rak
Regał

kabinet
Szafa

perapian
Komin

televisi
Telewizor

bunga
Kwiat

bantal
Poduszka

sofa
Kanapa

vas
Wazon

remote control
Pilot

	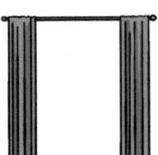	
karpet	korden	meja
Dywan	Zasłona	Stół

kursi	kursi goyang	kursi malas
Krzesło	Bujak	Fotel

buku

Książka

selimut

Sufit

dekorasi

Dekoracja

kayu bakar

Drewno kominkowe

filem

Film

hi-fi

Instalacja stereo

kunci

Klucz

koran

Gazeta

lukisan

Malunek

poster

Plakat

radio

Radio

buku tulis

Notatnik

penyedot debu

Odkurzacz

kaktus

Kaktus

lilin

Świeczka

dapur
Kuchnia

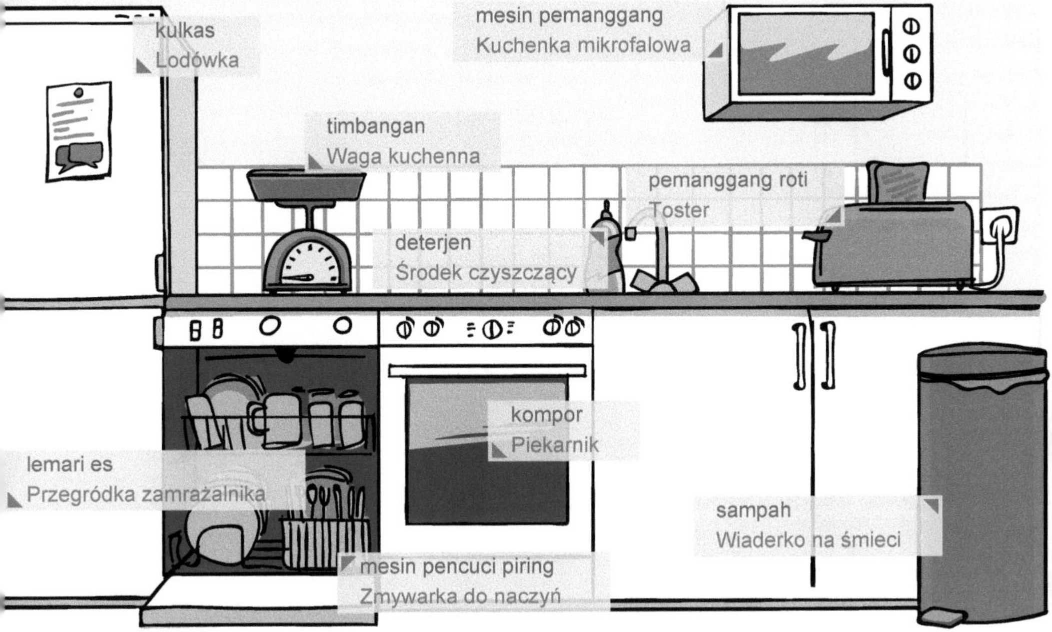

kulkas
Lodówka
mesin pemanggang
Kuchenka mikrofalowa
timbangan
Waga kuchenna
pemanggang roti
Toster
deterjen
Środek czyszczący
kompor
Piekarnik
lemari es
Przegródka zamrażalnika
sampah
Wiaderko na śmieci
mesin pencuci piring
Zmywarka do naczyń

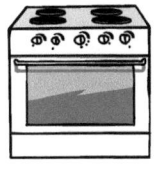

kompor

Kuchenka

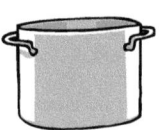

panci

Garnek

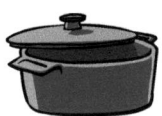

panci besi

Kocioł żeliwny

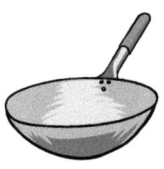

wajan

Wok / Kadai

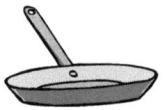

panci

Patelnia

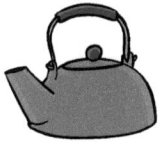

pemanas air

Czajnik

panci pengukus makanan

Parowar

nampan

Blacha do pieczenia

piring

Naczynia kuchenne

cangkir

Kubek

mangkok

Miska

sumpit

Pałeczki

sendok sup

Nabierka

sudip

Łopatka do smażenia

mengocok

Trzepaczka do śmietany

saringan

Cedzak

saringan

Sitko

parutan

Tarka

mortir

Moździerz

barbeque

Grillowanie

api terbuka

Palenisko

papan memotong

Deska

gilingan

Wałek do ciasta

alat pembuka botol

Korkociąg

kaleng

Puszka

pembuka kaleng

Otwieracz do puszek

pegangan panci

Ściereczka do trzymania garnka

wastafel

Umywalka

sikat

Szczotka

busa

Gąbka

mesin pencampur

Mikser

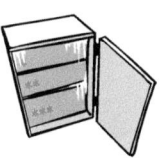

lemari es

Zamrażarka

botol bayi

Butelka dla niemowlęcia

keran

Kran

kamar mandi
Łazienka

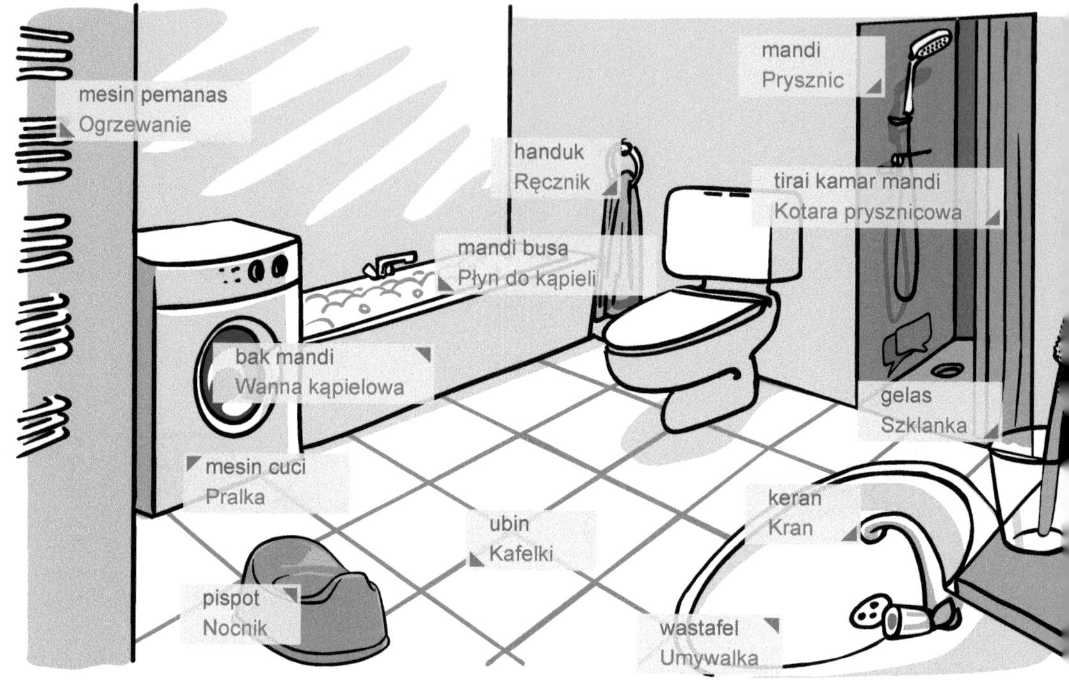

mesin pemanas
Ogrzewanie
mandi
Prysznic
handuk
Ręcznik
tirai kamar mandi
Kotara prysznicowa
mandi busa
Płyn do kąpieli
bak mandi
Wanna kąpielowa
gelas
Szklanka
mesin cuci
Pralka
keran
Kran
ubin
Kafelki
pispot
Nocnik
wastafel
Umywalka

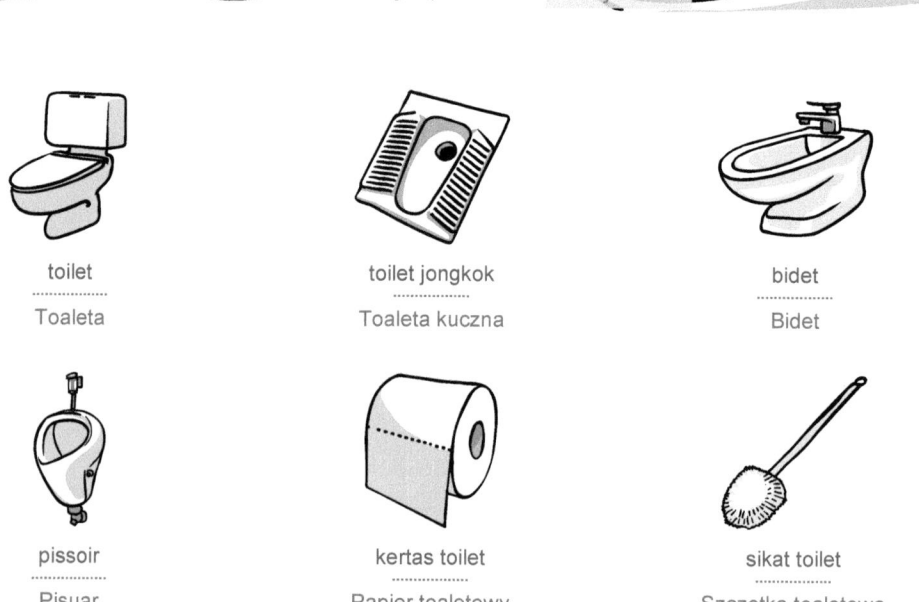

toilet
Toaleta

toilet jongkok
Toaleta kuczna

bidet
Bidet

pissoir
Pisuar

kertas toilet
Papier toaletowy

sikat toilet
Szczotka toaletowa

sikat gigi

Szczoteczka do zębów

pasta gigi

Pasta do zębów

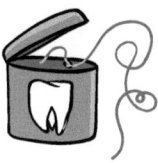

benang gigi

Nitki do czyszczenia zębów

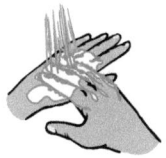

menyuci

myć

pancuran tangan

Głowica prysznicowa

pancuran

Płyn kąpielowy do higieny intymnej

bak

Miska do mycia

sikat punggung

Szczotka kąpielowa

sabun

Mydło

gel mandi

Żel prysznicowy

sampo

Szampon

planel

Rękawica kąpielowa

kuras

Odpływ

krim

Krem

deodoran

Dezodorant

kaca

Lustro

cermin tangan

Lustro kosmetyczne

pisau cukur

Golarka

busa cukur

Pianka do golenia

aftershave

Woda po goleniu

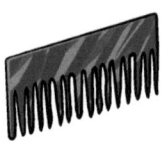

sisir

Grzebień

sikat

Szczotka

alat pengering rambut

Suszarka do włosów

semprot rambut

Spray do włosów

makeup

Makijaż

lipstik

Pomadka

cat kuku

Lakier do paznokci

kapas

Wata

gunting kuku

Nożyczki do paznokci

minyak wangi

Perfum

kantong pencuci

Kosmetyczka

bangku

Taboret

timbangan

Waga

mantel mandi

Szlafrok kąpielowy

sarung tangan karet

Rękawice gumowe

tampon

Tampon

handuk pembalut

Podpaska damska

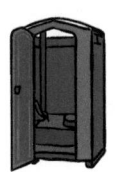

toilet kimia

Toaleta chemiczna

kamar anak
Pokój dziecięcy

jam alarm
Budzik
boneka tidur
Pluszowa przytulanka
mobil-mobilan
Samochodzik
kelintung
Grzechotka
rumah boneka
Domek dla lalek
kado
Prezent

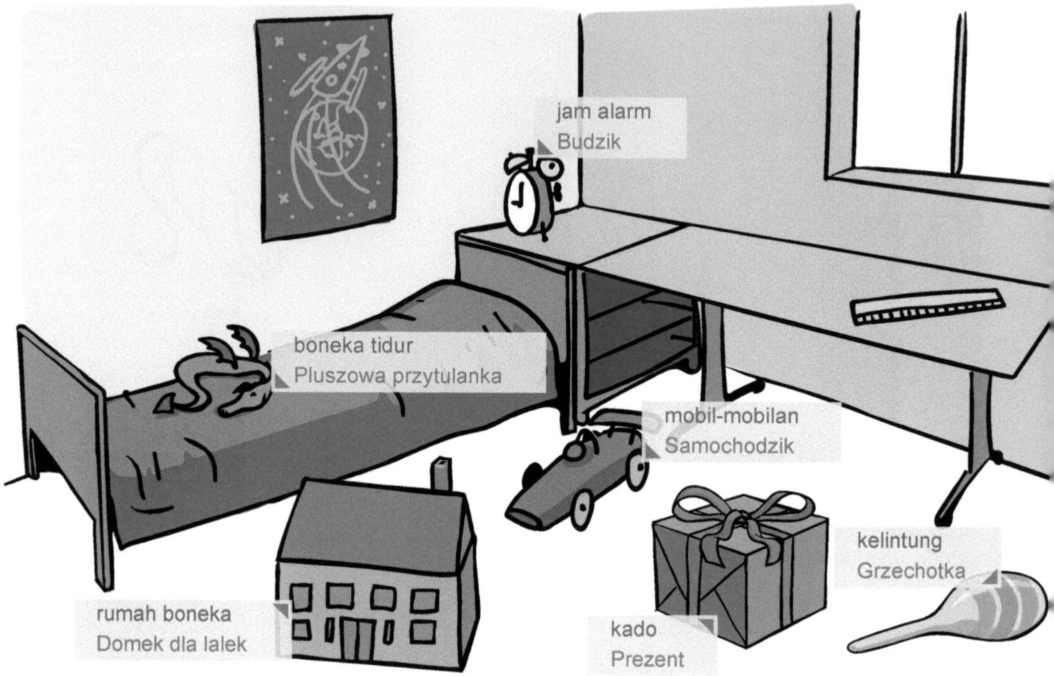

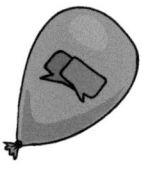

balon
Balon

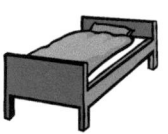

tempat tidur
Łóżko

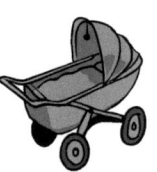

kereta bayi
Wózek dziecięcy

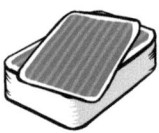

mainan kartu
Gra w karty

teka-teki
Puzzle

SUPER
MEGA

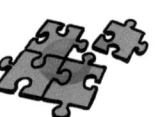

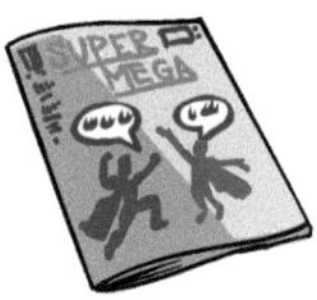

komik
Komiks

mainan lego

Klocki lego

blok mainan

Klocki

figur aksi

Action figura

baju monyet

Śpioszek dziecięcy

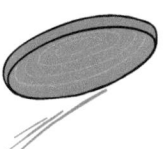

frisbee

Frisbee

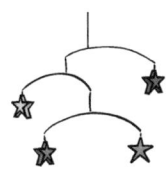

mobile

Zabawki ruchome

permainan papan

Gra planszowa

dadu

Kości

set model kreta api

Kolejka elektryczna

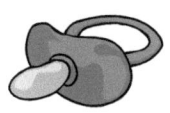

dot

Smoczek

pesta

Przyjęcie

buku gambar

Książka z ilustracjami

bola

Piłka

boneka

Lalka

bermain

bawić się

tempat main pasir

Piaskownica

ayunan

Huśtawka

mainan

Zabawki

video game konsol

Konsola do gier

sepeda roda tiga

Rowerek trójkołowy

teddy

Pluszowy miś

lemari pakaian

Szafa ubraniowa

pakaian
Ubiór

kaos kaki

Skarpety

kaos kaki

Pończochy

baju ketat

Rajstopy

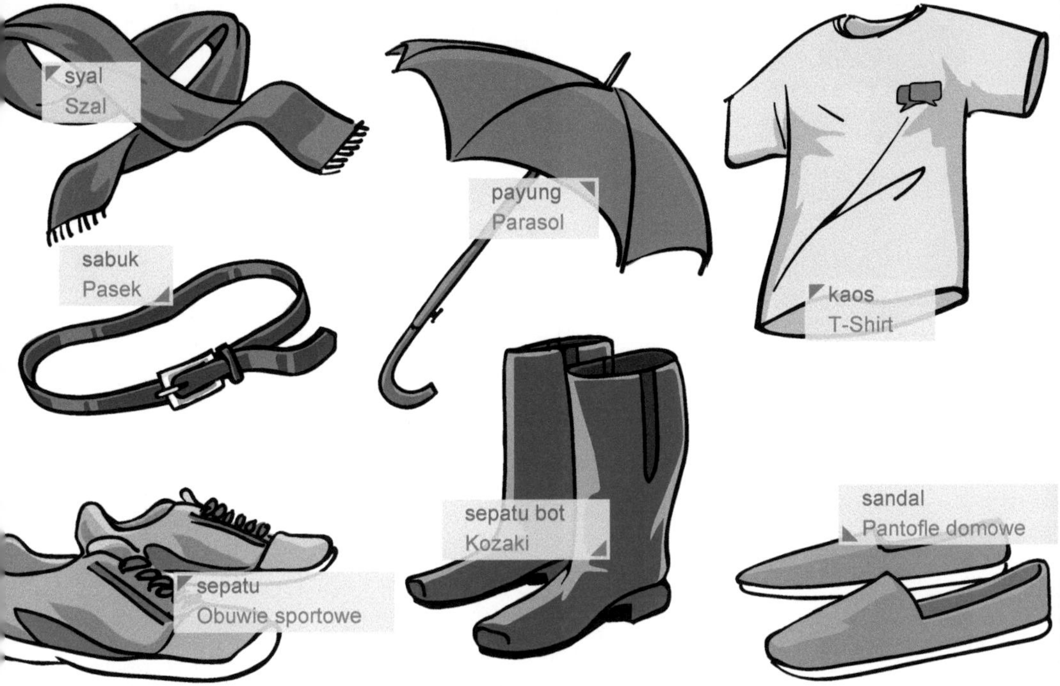

syal
Szal

sabuk
Pasek

payung
Parasol

kaos
T-Shirt

sepatu bot
Kozaki

sandal
Pantofle domowe

sepatu
Obuwie sportowe

sandal
Sandały

sepatu
Buty

sepatu bot karet
Kalosze

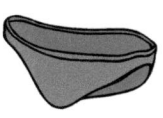

celana dalam
Majtki

BH
Biustonosz

baju rompi
Podkoszulek

body

Body

celana

Spodnie

jeans

Dżins

rok

Spódnica

blus

Bluzka

kemeja

Koszula

aket berkerudung

Pulower

sweater

Bluza sportowa

jaket

Marynarka

jaket

Kurtka

mantel

Płaszcz

jas hujan

Płaszcz przeciwdeszczowy

kostum

Kostium

gaun

Sukienka

gaun pengantin

Suknia ślubna

setelan resmi

Garnitur męski

gaun tidur

Koszula nocna

piyama

Piżama

sari

Sari

jilbab

Chusta na głowę

turban

Turban

burka

Burka

kaftan

Kaftan

abaya

Abaya

pakaian renang

Strój kąpielowy

celana renang

Kąpielówki

celana pendek

Krótkie spodnie

olah raga

Dres sportowy

celemek

Fartuch

sarung tangan

Rękawiczki

kancing

Guzik

kacamata

Okulary

gelang

Bransoletka

kalung

Łańcuszek

cincin

Pierścionek

anting

Kolczyk

topi

Czapka

gantungan mantel

Wieszak

topi

Kapelusz

dasi

Krawat

ritsleting

Zamek błyskawiczny

helm

Kask

tali selempang

Szelki

seragam sekolah

Mundurek szkolny

seragam

Mundur

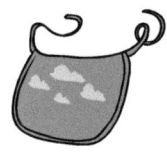

oto

Śliniaczek

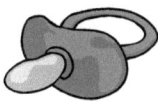

dot

Smoczek

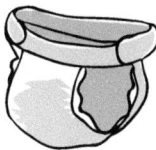

popok

Pieluszka

kantor

Biuro

server
Serwer
lemari arsip
Szafa na akta
kertas
Papier
pencetak
Drukarka
layar
Monitor
mouse komputer
Mysz
meja kerja
Biurko
tempat pengarsipan
Segregator
papan tombol
Klawiatura
tempat sampah
Kosz na odpadki
computer
Komputer
kursi
Krzesło

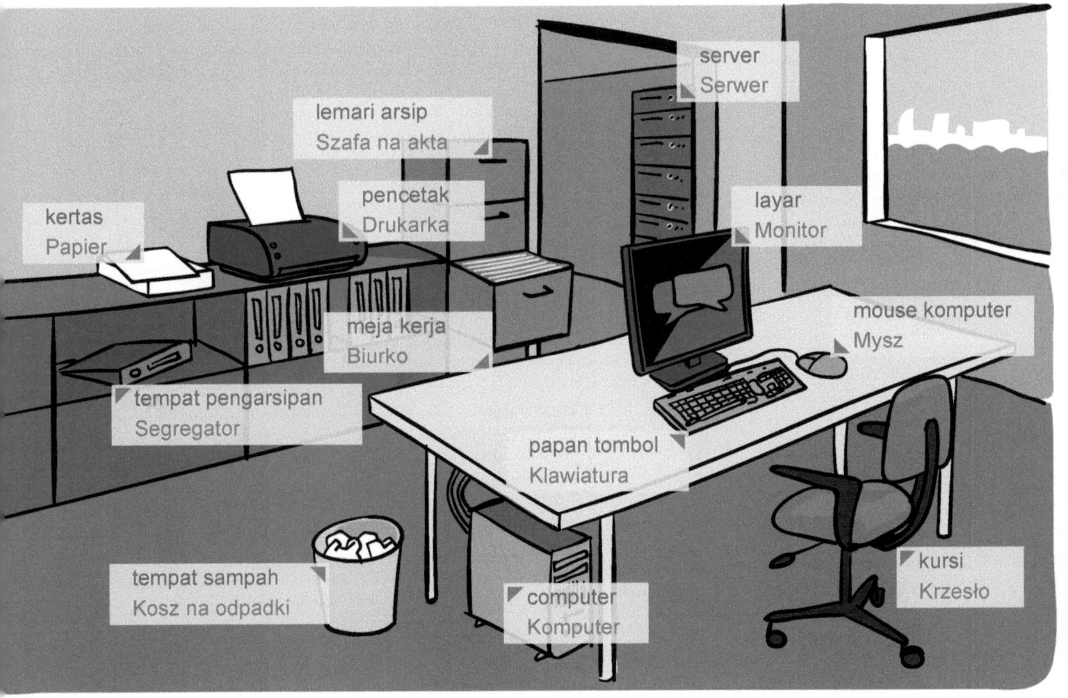

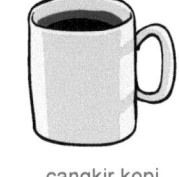

cangkir kopi

Filiżanka do kawy

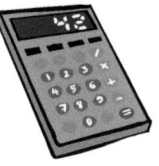

kalkulator

Kalkulator

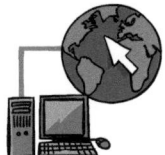

internet

Internet

laptop

Laptop

surat

List

pesan

Wiadomość

telepon seluler

Komórka

jaringan

Sieć

fotokopi

Kopiarka

software

Oprogramowanie

telepon

Telefon

plug soket

Gniazdko

mesin fax

Faks

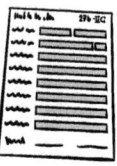

formulir

Formularz

dokumen

Dokument

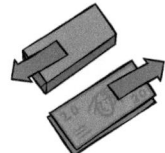

membeli

kupić

membayar

płacić

berdagang

postępować

uang

Pieniądze

Dollar

Dolar

Euro

Euro

Yen

Jen

Rubel

Rubel

Franc Swiss

Frank

Renminbi Yuan

Juan Renminbi

Rupiah

Rupia

ATM

Bankomat

kantor pertukaran mata uang

Kantor wymiany walut

emas

Złoto

perak

Srebro

minyak

Olej

energi

Energia

harga

Cena

kontrak

Umowa

pajak

Podatek

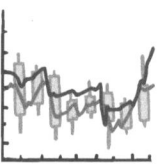

saham

Akcja

bekerja

pracować

karyawan

Pracownik umysłowy

majikan

Pracodawca

pabrik

Fabryka

toko

Sklep

pekerjaan
Zawody

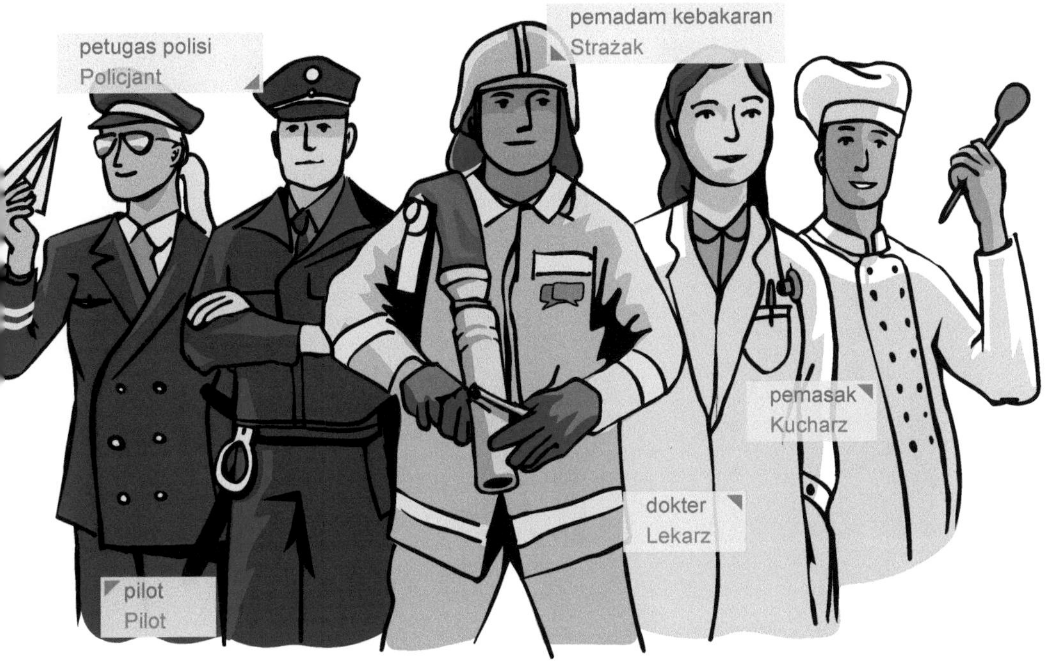

petugas polisi
Policjant
pemadam kebakaran
Strażak
pemasak
Kucharz
dokter
Lekarz
pilot
Pilot

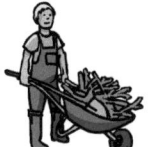

tukan kebun

Ogrodnik

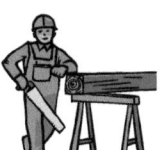

tukang kayu

Stolarz

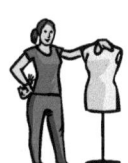

penjahit wanita

Krawcowa

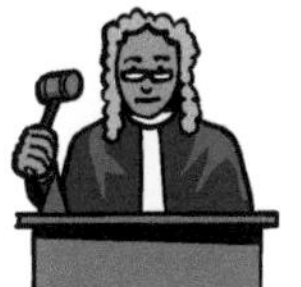

hakim

Sędzia

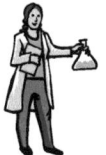

ahli kimia

Chemik

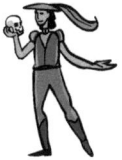

aktor

Aktor

sopir bis

Kierowca autobusu

sopir taksi

Taksówkarz

nelayan

Fischer

pembantu

Sprzątaczka

tukang atap

Dekarz

pelayan

Kelner

pemburu

Myśliwy

pelukis

Malarz

tukang roti

Piekarz

tukang listrik

Elektryk

pembangun

Robotnik budowlany

insinyur

Inżynier

tukang daging

Rzeźnik

tukang ledeng

Instalator

tukang pos

Listonosz

tentara

Żołnierz

arsitek

Architekt

kasir

Kasjer

penjual bunga

Florysta

penata rambut

Fryzjer

konduktor

Konduktor

montir

Mechanik

kapten

Kapitan

dokter gigi

Dentysta

ilmuwan

Naukowiec

rabbi

Rabin

imam

Imam

biarawan

Mnich

pendeta

Proboszcz

alat

Narzędzia

palu
Młotek
tang
Szczypce
obeng
Wkrętak
kunci
Klucz do śrub
obor
Latarka

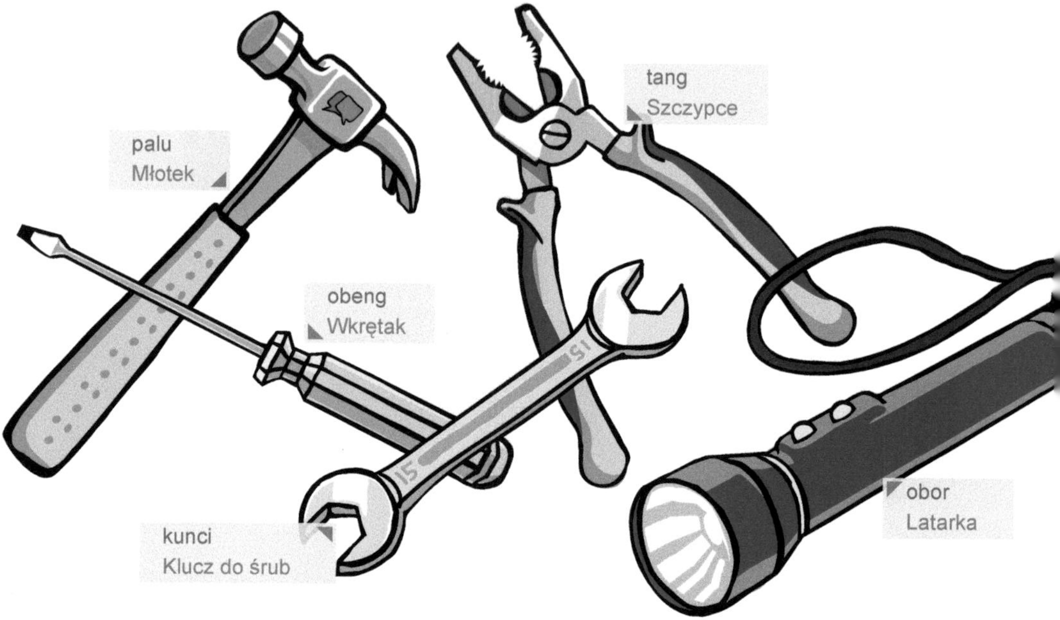

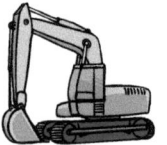

penggali

Koparka

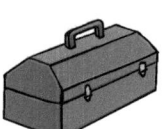

tas perkakas

Skrzynka narzędziowa

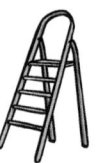

tangga

Drabina

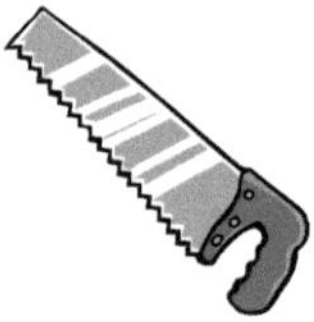

gergaji

Piła

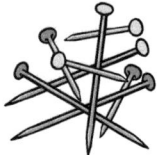

paku

Gwoździe

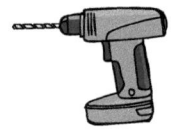

bor

Wiertło

perbaikan

naprawić

sekop

Łopatka

Sialan!

Cholera!

cikrak

Szufelka

pot cat

Puszka z farbą

sekrup

Śruby

alat musik
Instrumenty muzyczne

pengeras suara
Głośnik

alat drum
Perkusja

bas
Kontrabas

trompet
Trąbka

gitar
Gitara

piano

Pianino

violin

Skrzypce

bass

Bas

tambur

Kotły

drum

Bęben

keyboard

Keyboard

saksofon

Saksofon

suling

Flet

mikrofon

Mikrofon

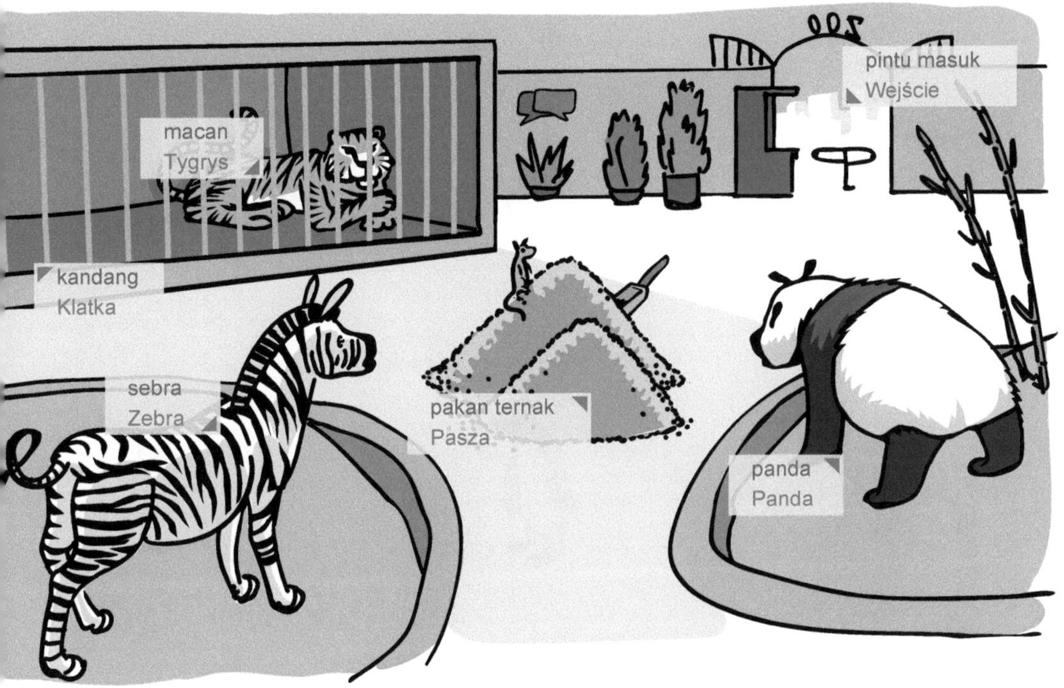

pintu masuk
Wejście

macan
Tygrys

kandang
Klatka

sebra
Zebra

pakan ternak
Pasza

panda
Panda

hewan

Zwierzęta

gajah

Słoń

kanguru

Kangur

badak

Nosorożec

gorila

Goryl

beruang

Niedźwiedź

unta

Wielbłąd

burung unta

Struś

singa

Lew

monyet

Małpa

flamingo

Fleming

burung beo

Papuga

beruang polar

Niedźwiedź polarny

penguin

Pingwin

hiu

Rekin

merak

Paw

ular

Wąż

buaya

Krokodyl

penjaga kebun binatang

Dozorca w zoo

segel

Foka

jaguar

Jaguar

kuda poni

Kucyk

macan tutul

Gepard

kuda nil

Hipopotam

jerapah

Żyrafa

burung elang

Orzeł

babi jantan

Dzik

ikan

Ryba

kura-kura

Żółw

anjing laut

Mors

rubah

Lis

kijang

Gazela

american football
Futbol amerykański

naik sepeda
Kolarstwo

tennis
Tenis

basketbal
Koszykówka

bernang
Pływanie

tinju
Boks

hoki es
Hokej na lodzie

sepak bola

Piłka nożna

badminton

Badminton

atletik

Lekka atletyka

bola tangan

Piłka ręczna

main ski

Narciarstwo

polo

Polo

ketawa
śmiać się

meloncat
skakać

memeluk
objąć

berjalan
iść

menyanyi
śpiewać

mengimpi
marzyć

berdoa
modlić się

mencium
całować

menulis

pisać

melukis

rysować

menunjuk

pokazywać

mendorong

nacisnąć

memberikan

dać

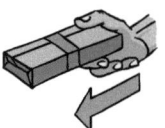

mengambil

wziąć

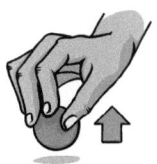

mempunyai

mieć

melakukan

robić

adalah

być

berdiri

stać

berlari

biegać

menarik

ciągnąć

melempar

rzucać

jatuh

spaść

tidur

leżeć

menunggu

czekać

membawa

nosić

duduk

siedzieć

berpakaian

zakładać

tidur

spać

bangun

budzić się

melihat

spojrzeć

menangis

płakać

mengelus

głaskać

menyisir

czesać się

berbicara

mówić

mengerti

rozumieć

menanyak

pytać

mendengar

słyszeć

minum

pić

makan

jeść

merapikan

sprzątać

cinta

kochać

memasak

gotować

menyetir

jechać

terbang

latać

berlayar

żeglować

menghitung

liczyć

membaca

czytać

belajar

uczyć się

bekerja

pracować

menikah

wejść w związek małżeński

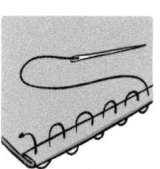

menjahit

szyć

sikat gigi

myć zęby

membunuh

zabić

merokok

palić tytoń

kirim

wysłać

nenek
Babcia

kakek
Dziadek

bapak
Ojciec

ibu
Matka

bayi
Niemowlę

putri
Córka

putra
Syn

tamu

Gość

bibi

Ciotka

paman

Wujek

kakak laki

Brat

kakak perempuan

Siostra

badan

Ciało

dahi
Czoło
mata
Oko
muka
Twarz
dagu
Broda
payudara
Pierś
jari
Palec
tangan
Ręka
lengan
Ramię
bahu
Ramię
kaki
Noga

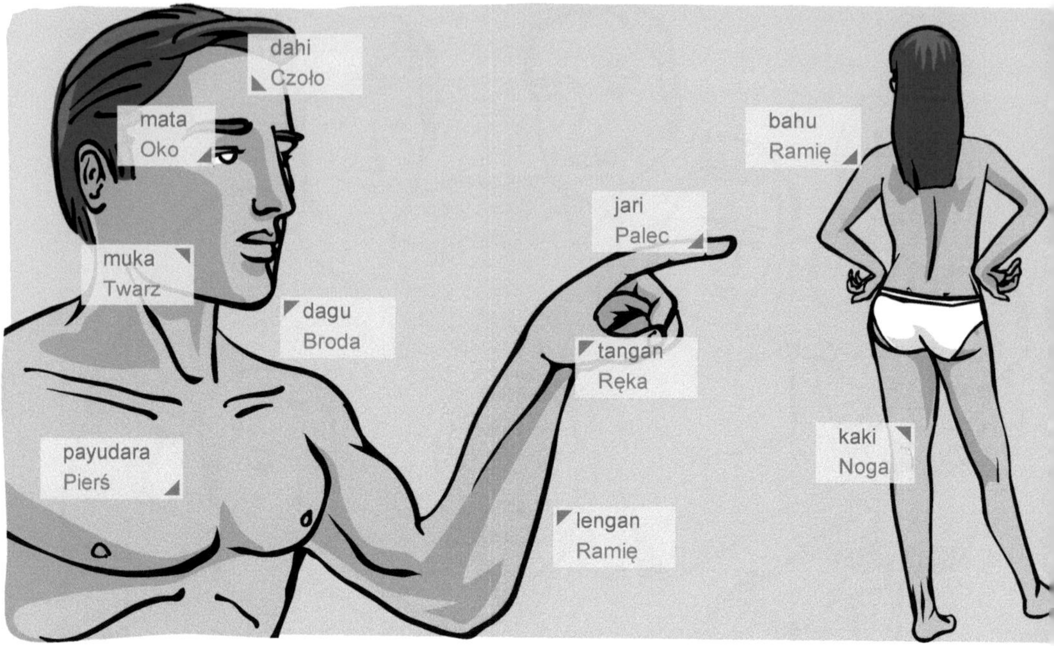

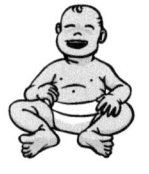

bayi

Niemowlę

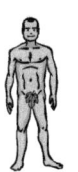

pria

Mężczyzna

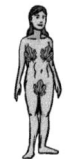

wanita

Kobieta

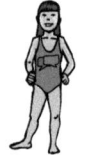

perempuan

Dziewczyna

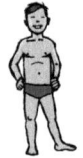

laki

Chłopiec

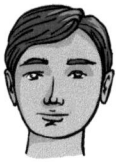

kepala

Głowa

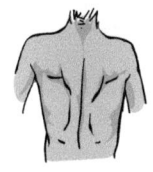

punggung

Plecy

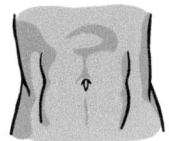

perut

Brzuch

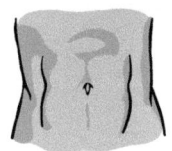

pusar

Pępek

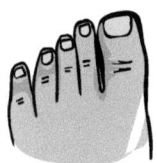

toe

palec nogi

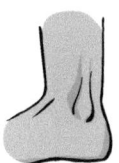

tumit

Pięta

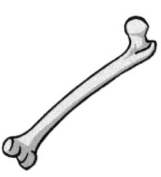

tulang

Kość

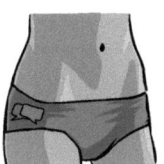

pinggang

Biodro

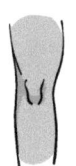

lutut

Kolano

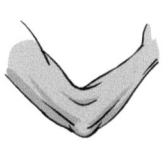

siku

Łokieć

hidung

Nos

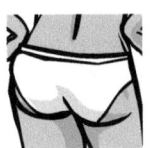

pantat

Pośladki

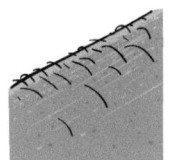

kulit

Skóra

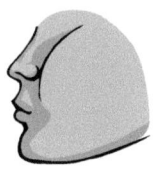

pipi

Policzek

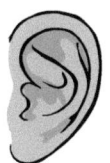

telinga

Uszy

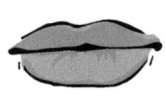

bibir

Warga

mulut

Usta

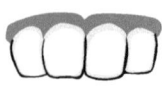

gigi

Ząb

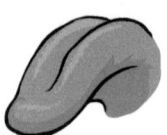

lidah

Język

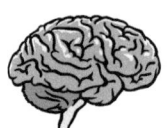

otak

Mózg

jantung

Serce

otot

Mięsień

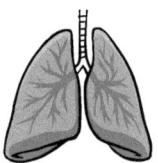

paru-paru

Płuca

hati

Wątroba

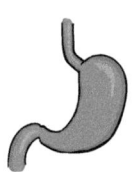

stomach

Żołądek

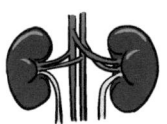

ginjal

Nerki

hubungan seks

Stosunek płciowy

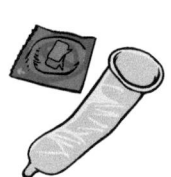

kondom

Kondom

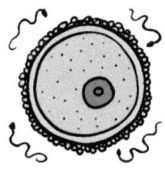

sel telur

Komórka jajowa

sperma

Sperma

kehamilan

Ciąża

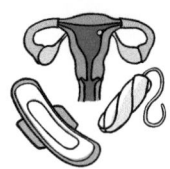

menstruasi

Menstruacja

vagina

Wagina

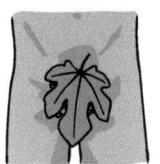

penis

Penis

alis

Brew

rambut

Włosy

leher

Szyja

rumah sakit
Szpital

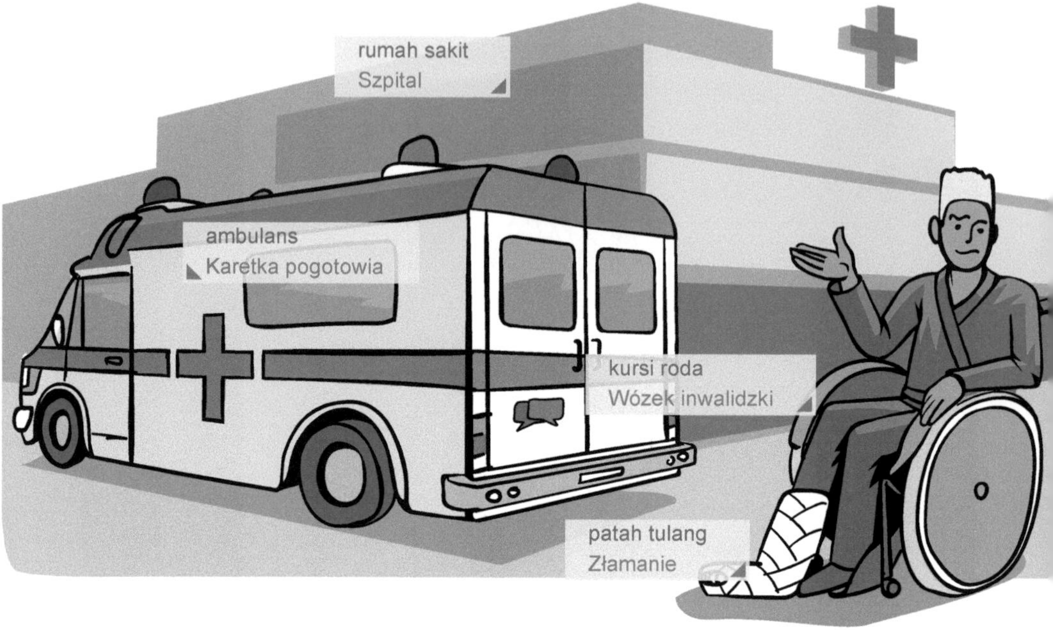

rumah sakit
Szpital

ambulans
Karetka pogotowia

kursi roda
Wózek inwalidzki

patah tulang
Złamanie

dokter
Lekarz

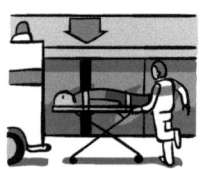

ruang darurat
Izba przyjęć

perawat
Pielęgniarka

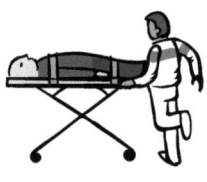

darurat
Nagły przypadek

semaput
nieprzytomny

sakit
Ból

cedera

Skaleczenie

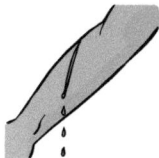

perdarahan

Krwawienie

serangan jantung

Zawał serca

stroke

Udar mózgu

alergi

Alergia

batuk

Kaszleć

demam

Gorączka

flu

Grypa

diare

Biegunka

sakit kepala

Ból głowy

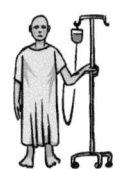

kanker

Rak

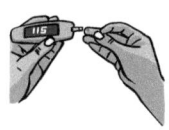

diabetes

Cukrzyca

ahli bedah

Chirurg

pisau bedah

Skalpel

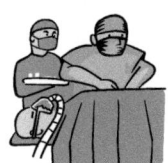

operasi

Operacja

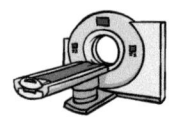

CT

CT

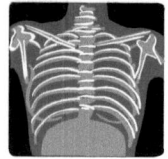

sinar x

Rentgen

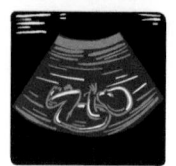

usg

Ultradźwięki

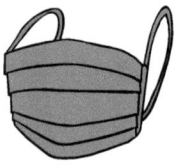

topeng

Maska

penyakit

Choroba

ruang tunggu

Poczekalnia

penyokong

Kula

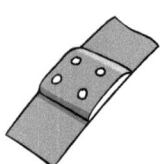

plester

Plaster

perban

Opatrunek

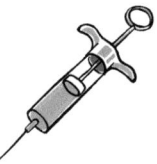

injeksi

Iniekcja

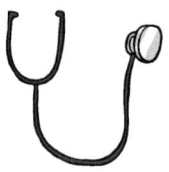

stetoskop

Stetoskop

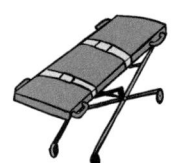

usungan

Nosze

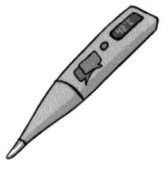

termometer klinis

Termometr

kelahiran

Poród

kelebihan berat badan

Nadwaga

alat pendengar

Aparat słuchowy

desinfektan

Środek dezynfekcyjny

infeksi

Infekcja

virus

Wirus

HIV / AIDS

HIV / AIDS

obat

Medycyna

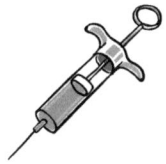

vaksinasi

Szczepienie

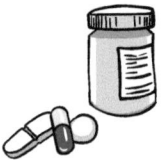

tablet

Tabletki

pil

Pigułka

panggilan darurat

Telefon ratunkowy

ukur tekanan darah

Ciśnieniomierz krwi

sakit / sehat

chory / zdrowy

Tolong!

Pomocy!

penyerbuan

Napad

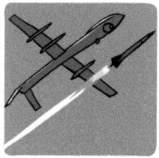

serangan

Atak

bahaya

Niebezpieczeństwo

pintu darurat

Wyjście awaryjne

Api!

Pożar!

alat pemadam kebakaran

Gaśnica

kecelakaan

Wypadek

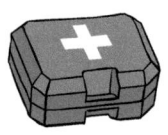

kit pertolongan pertama

Walizeczka pierwszej
pomocy

SOS

SOS

polisi

Policja

Eropa

Europa

Amerika Utara

Ameryka Północna

Amerika Selatan

Ameryka Południowa

Afrika

Afryka

Asia

Azja

Australi

Australia

Atlantik

Atlantyk

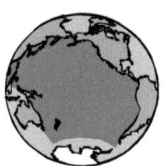

Pasifik

Pacyfik

Samudra India

Ocean Indyjski

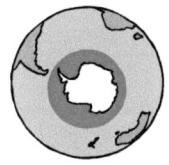

Samudra Antartika

Ocean Antarktyczny

Samudra Arktik

Ocean Arktyczny

kutub utara

Biegun północny

kutub selatan

Biegun południowy

Antarktika

Antarktyda

bumi

Ziemia

tanah

Kraj

laut

Morze

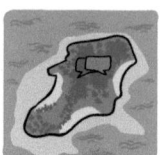

pulau

Wyspa

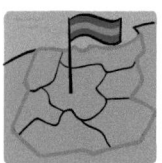

bangsa

Naród

negara

Państwo

jam wajah

Cyferblat

jarum pendek

Wskazówka godzinowa

jarum menit

Wskazówka minutowa

jarum detik

Wskazówka sekundowa

Jam berapa?

Która godzina?

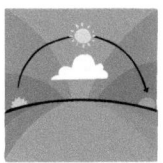

hari

Dzień

waktu

Czas

sekarang

teraz

jam digital

Zegarek digitalny

menit

Minuta

jam

Godzina

minggu
Tydzień

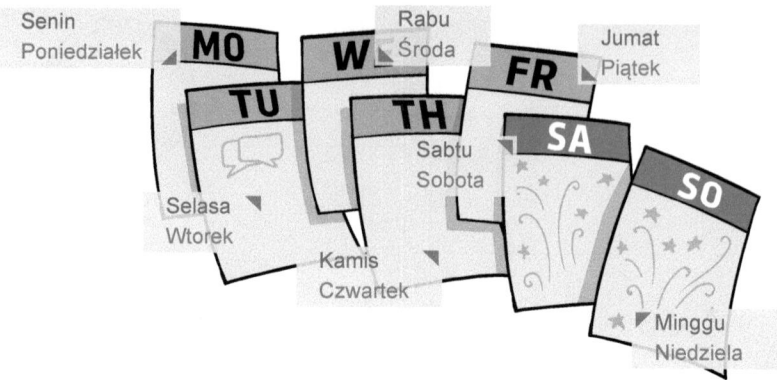

Senin
Poniedziałek

MO

W
Rabu
Środa

FR
Jumat
Piątek

TU

TH

Selasa
Wtorek

Sabtu
Sobota

SA

Kamis
Czwartek

SO

Minggu
Niedziela

kemaren

wczoraj

hari ini

dzisiaj

besok

jutro

pagi

Rano

siang

Południe

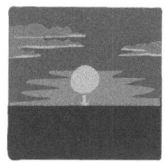

malam

Wieczór

MO	TU	WE	TH	FR	SA	SU
1	2	3	4	5	6	7
8	9	10	11	12	13	14
15	16	17	18	19	20	21
22	23	24	25	26	27	28
29	30	31	1	2	3	4

hari kerja

Dni robocze

MO	TU	WE	TH	FR	SA	SU
1	2	3	4	5	6	7
8	9	10	11	12	13	14
15	16	17	18	19	20	21
22	23	24	25	26	27	28
29	30	31	1	2	3	4

akhir minggu

Weekend

tahun
Rok

hujan
Deszcz
pelangi
Tęcza
angin
Wiatr
salju
Śnieg
musim semi
Wiosna
musim gugur
Jesień
musim panas
Lato
musim dingin
Zima

4.APRIL 11°
5.APRIL 4°
6.APRIL 13°
7.APRIL 8°
8.APRIL 10°

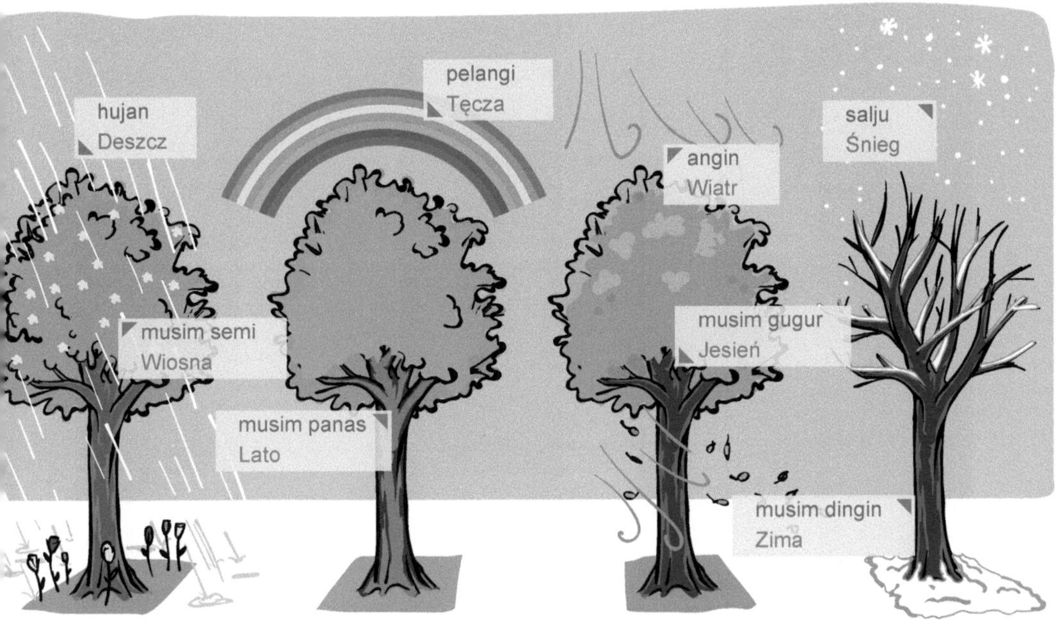

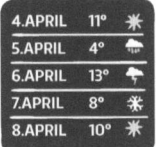

ramalan cuaca

Prognoza pogody

F C
120 40
90 30
60 20
30 10
0 0
-30 -10
-20

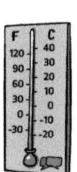

termometer

Termometr

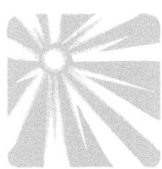

matahari

Światło słoneczne

awan

Chmura

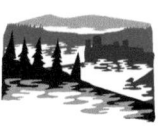

kabut

Mgła

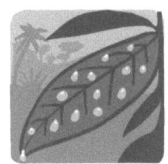

kelembahan

Wilgotność powietrza

kilat

Błyskawica

guntur

Grzmot

badai

Sztorm

hujan es

Grad

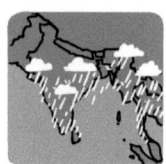

monsun

Monsun

banjir

Potop

es

Lód

Januari

Styczeń

Februari

Luty

Maret

Marzec

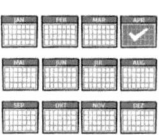

April

Kwiecień

Mei

Maj

Juni

Czerwiec

Juli

Lipiec

Agustus

Sierpień

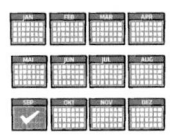

September
....
Wrzesień

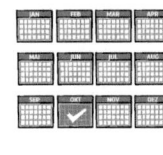

Oktober
....
Październik

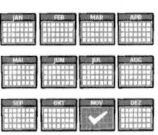

November
....
Listopad

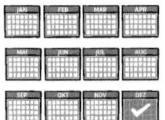

Desember
....
Grudzień

bentuk
Kształty

lingkaran
....
Koło

persegi
....
Kwadrat

persegi panjang
....
Prostokąt

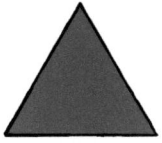

segi tiga
....
Trójkąt

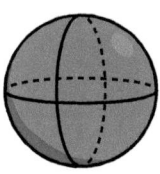

bola
....
Kula

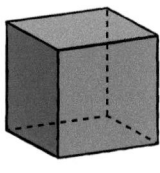

kubus
....
Sześcian

putih

biały

kuning

żółty

oranye

pomarańczowy

pink

różowy

merah

czerwony

ungu

liliowy

biru

niebieski

hijau

zielony

coklat

brązowy

abu-abu

szary

hitam

czarny

banyak / sedikit

dużo / mało

marah / tenang

wściekły / spokojny

cantik / jelek

piękny / brzydki

mulaih / selesai

początek / koniec

besar / kecil

duży / mały

terang / gelap

jasny / ciemny

saudara laki-laki / saudara perempuan

brat / siostra

bersih / kotor

czysty / brudny

lengkap / tidak lengkap

kompletny / niekompletny

hari / malam

dzień / noc

mati / hidup

umarły / żywy

luas / sempit

szeroki / wąski

dapat dimakan / tidak dapat dimakan

jadalny / niejadalny

jahat / baik

zły / uprzejmy

bersemangat / bosan

podniecony / znudzony

gemuk / kurus

gruby / chudy

pertama / terakhir

najpierw / na końcu

teman / musuh

przyjaciel / wróg

penuh / kosong

pełen / pusty

keras / lembut

twardy / miękki

berat / enteng

ciężki / lekki

lapar / haus

głód / pragnienie

sakit / sehat

chory / zdrowy

ilegal / legal

nielegalny / legalny

cerdas / bodoh

inteligentny / głupi

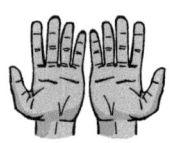

kiri / kanan

lewo / prawo

dekat / jauh

bliski / daleki

baru / bekas

nowy / używany

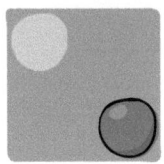

tidak ada apapun / sesuatu

nic / coś

tua / muda

stary / młody

nyala / mati

włącz / wyłącz

buka / tutup

otwarty / zamknięty

tenang / keras

cichy / głośny

kaya / miskin

bogaty / biedny

benar / salah

prawidłowy / błędny

kasar / halus

chropowaty / gładki

sedih / gembira

smutny / szczęśliwy

pendek / panjang

krótki / długi

pelan-pelan / cepat

powolny / szybki

basah / kering

mokry/suchy

hangat / sejuk

ciepły / chłodny

perang / damai

wojna / pokój

0	**1**	**2**
nol	satu	dua
zero	jeden	dwa

3	**4**	**5**
tiga	empat	lima
trzy	cztery	pięć

6	**7**	**8**
enam	tujuh	delapan
sześć	siedem	osiem

9	**10**	**11**
sembilan	sepuluh	sebelas
dziewięć	dziesięć	jedenaście

12

duabelas

dwanaście

13

tigabelas

trzynaście

14

empatbelas

czternaście

15

limabelas

piętnaście

16

enambelas

szesnaście

17

tujuhbelas

siedemnaście

18

delapanbelas

osiemnaście

19

sembilanbelas

dziewiętnaście

20

duapuluh

dwadzieścia

100

seratus

sto

1.000

seribu

tysiąc

1.000.000

juta

milion

Inggris

Angielski

bahasa Inggris Amerika

Angielski amerykański

bahasa Cina Mandarin

Chiński mandaryński

bahasa Hindi

Hindi

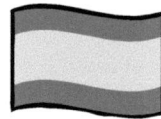

bahasa Spanyol

Hiszpański

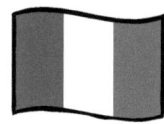

bahasa Perancis

Francuski

bahasa Arab

Arabski

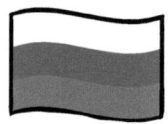

bahasa Rusia

Rosyjski

bahasa Portugis

Portugalski

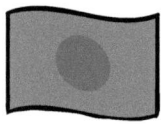

bahasa Bengal

Bengalski

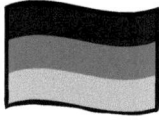

bahasa Jerman

Niemiecki

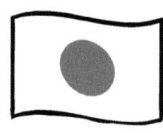

bahasa Jepang

Japoński

saya

ja

kamu

ty

dia

on / ona / ono

kita

my

kalian

wy

mereka

oni

siapa?

kto?

apa?

co?

begaimana?

jak?

dimana?

gdzie?

kapan?

kiedy?

nama

Nazwisko

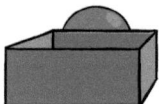

dibelakang

za

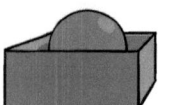

di

w

didepan

przed

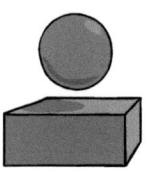

diatas

powyżej

diatas

na

dibawah

pod

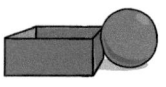

sebelah

obok

di antara

między

tempat

Miejsce